어머니의 흔적

어머니의 흔적

정광덕 첫 시집

머리글

지인들이 시집을 건네 주면서 도전을 하였을 때 매우 망설였습니다. 인생을 정리하려면 글을 써야겠다는 생각은 하고 있었지만 시를 통해서란 생각은 전혀 못 했기 때문입니다. 또 사업체를 운영하면서 충분한 시간을 낼 수 있을까 하는 염려도 있었지만 이번 기회에 시를 배우고 써보고 싶다는 간절한 마음이 들어 도전을 하게 되었습니다.

"시인이 되기 전에 사람이 되어라"라는 박종규 시인 목사님의 말씀에 깜짝 놀랐습니다. 사회교육에서는 지식 전달에 그치는 것이 일반적인데 이런 화두를 던지실 뿐 아니라 시인이 갖추어야 할 소양과 자연 속에 충만한 생명의 신비를 일깨워 주셨습니다.

늘 격려와 칭찬을 아끼지 않으시고 용기를 북돋아 주셨기에 이 자리까지 나올 수 있게 되었음을 고백하지 않을 수 없습니다.

박종규 시인 목사님께 이 자리를 빌려 깊은 존경과 감사의 마음을 전합니다. 스스로 부족하다는 자각을 하면서도 시집을 낸다는 것이 큰 부담도 되었지만, 더 노력하고 더 다듬어서 시 다운 시를 쓰기 위한 첫걸음이라 생각하고 용기를 내었습니다.

이 시집에서는 일상생활에서 보고 느끼고 경험한 일들을 평소에 내가 사용하는 말로 쓴 생활시가 많습니다.

이해하는 마음으로 읽어주시기를 바라며 공감되는 부분이 있다면 더없는 기쁨이요 더없는 영광, 더없는 보람이 되겠습니다.
감사합니다!

2025. 1. 25
시인 정 광 덕

차 례

머리글/ 4

제1부 첫눈/ 11

바다/ 13
연날리기/ 14
무지개/ 16
자화상/ 18
친구/ 20
하늘/ 22
사과/ 24
어머니의 흔적/ 26
홍시/ 28
매미/ 30
손맛/ 32
첫눈/ 34

제2부 뻥튀기/ 37

내비게이션/ 39
꼬맹이 친구들/ 40
어머니/ 42
풀숲/ 44
보릿고개/ 46
선생님/ 48
아버지/ 50
돼지 껍데기/ 52
명과/ 54
뻥튀기/ 56
동창생/ 58

제3부 인생의 종점/ 61

걷기 운동/ 63
손주 바보/ 64
매미의 일생/ 66
지하철/ 68
똥오줌/ 70
세월의 숨결/ 72
시루떡/ 74
아내의 빈 자리/ 76
그런 길은 없다/ 78
인생의 종점/ 80
묘비명/ 82
시인대학_사행시/ 83

제4부 배추의 꿈/ 85

낙엽/ 87
멸치/ 88
가족사진/ 90
말/ 92
도토리/ 94
가을 들녘/ 96
문장부호/ 98
배추의 꿈/ 100
떨켜/ 102
이웃사촌/ 104
일심동체/ 106
밥이라는 거/ 108

에필로그/ 110

제1부 첫눈

바다
연날리기
무지개
자화상
친구
하늘
사과
어머니의 흔적
홍시
매미
손맛
첫눈

바다

바다는 하루에 두 번
속살을 드러낸다

사리에 물이 나가면
십 리까지 갯벌이 펼쳐진다

물이 들었을 때
활동하던 모든 생명체
노출을 피해 갯벌을 파고든다
작은 구멍만을 남긴채

사람들은 그 흔적을 보고
맛살도 잡고 바닷가재도 잡는다
돌 더미에 붙어있는 소라도 잡고
함박조개도 캔다.

어머니가 아기에 젖을 물리듯
바다는 가슴을 열고 사람들을 먹인다

연날리기

바람 부는 날이면
잠자던 연 내려
언덕에 오른다

당겼다 풀었다 살살 어르면
기지개 켜며 하늘로
솟구쳐 오르는 연

날개 뒤로 젖히고
요리조리 바람을 가르며
살아난다

하늘에 떠 있는 나의 솔개
나만 내려다보고
내 눈은 솔개로 가득

찬바람에도 뜨거운 희열
온몸으로 느끼며
솔개와 나 호연지기로
하나가 된다

무지개

세상 점점 빨리 돌아가니
사람들 헛디딜까
땅만 내려 보네

해는 노을로 말하고
달은 초승과 보름으로 말하고
별은 은하수로 말하건만
사람들 귀를 막고
땅만 내려 보네

이제 하늘은 다시 말하네
무지개를 바라보라고
언제 어디에 나타날지 알 수 없는
무지개를 보라 하네

분주한 사람들
낙심한 사람들
지치고 힘든 사람들
모두 고개를 들고
무지개를 보라 하네

해와 달과 별과 비교할 수 없는
빨주노초파남보
일곱 빛깔 무지개를 바라보라고…

자화상

거울을
들여다보아도
아무리 나를
뚫어지게 바라보아도

나는
나를
그릴 수 없다

나는
나에 대하여
쓸 수도 없다

세월을
관통하며 살아온 나를
어떻게 하나의 화폭에 그리고
한 권의 책에 담을 수 있을까

나를
뚫어져라 보면 볼수록
한 가지 분명한 것이 있다

나의 생명줄 붙잡고 거슬러
오르고 오르고 또 오르면
태곳적 바람 부는 그곳
태초에 이른다는 것이다

친구

나의 모든 것을
털어놓을 수 있는 사람

서로의 부모 형제를 알고
자기 가족처럼 대하는 사람

성격이 달라도 이해하고
상대의 어려움을
자신의 어려움으로 대하는 사람
그런 사람이 진정한 친구다

결혼 후에도
부부가 같이 교제하며
무엇이든 소통할 수 있는 사람
그런 사람이 정말 친구다

하늘

하늘은
우주의 창문

들여다보면 볼수록
알 수 없는
신비의 보고

은하수 뭇별들 셀 수 없고
광대한 우주 끝이 없다

우주 속 지구촌은
점 하나 크기
그 속에서 아옹다옹
사는 인생이지만

하늘의 섭리를
헤아려 본다

사과

사과 쪼개보면
두 개의 하트

혼자일 땐 핏기 없고
미동도 없더니

제 짝을 만나자
붉은 심장으로 살아나서
쿵쿵 뛴다

육질은 사각사각
육즙은 새콤달콤

쿵 쿵 쿵 쿵
사랑 노래 끝이 없다

어머니 흔적

잎새 떨군 자리에
상처로 남은 떨켜를 바라보다
어머니 생각납니다

내 몸에 남아있는
이별의 흔적
배꼽이 끊어진 탯줄인 걸
까맣게 잊고 있었네요

어머니 잊지 말라고
한 가운데 남아 있나요

생명 다할 때까지
자신의 분신을
품으신 그 사랑

어머니
그립습니다

홍시

높은 가지에 달려
간신히 살아남은 땡감 몇 개
발가벗은 채
차가운 밤바람 견디더니

서리 내린 어느 날
홍시가 되어 나타난 너

태생이 떫어서
먹기 글렀다는 땡감이
어찌 홍시로 거듭났는지

누런 갑옷 벗어버리고 수줍은
소녀 뺨처럼 발갛게 익어
만지면 터질듯한 너

두고두고 아끼다
네 뺨에 입 맞추면
기다린 듯 단숨에
내 속으로 달려가는 너

나의 사랑 홍시여
내 안의 모든 세포가
춤추듯 살아나는구나!

매미

나무껍질 속
알집 깨고 나온
갓난 새끼

푸른 하늘 뒤로한 채
캄캄한 땅속
찾아 들어간다

어두움 속에서도
아련한 기억 속
푸른 하늘 본향을 꿈꾸며
인고의 세월 견딘 후

어둠을 뒤로한 채
나무에 올라 껍데기를 벗는다

이제 날개를 펴고
자유를 만끽하며
환희의 울음 운다

너야말로
부활의 영감을 일깨우는
천사로구나

손맛

한국인 부엌엔
보물 상자가 있다

온갖 양념 재료들이
가득한 양념 상자

김치를 담든지 불고기를 재든지
잡채를 무치든지 삼계탕을 끓이든지
양념 상자는 필수

주부의 손에 선택되는 양념
뿌려지는 양도 제각각

재료와 양념들이 만나
새로운 맛을 만들고
맛 좋은 레시피는 살아남는다

그 옛날
우리 집 음식 맛은 어머나의 손맛
비결은 양념 상자
그 보물 상자에 있다

첫눈

아무도 예상치 못한
11월의 풍성한 첫눈

감탄사 터져 나오고
기쁨과 웃음 얼굴에 번진다

어릴 때부터
눈 덮인 세상 바라보면
감탄사 절로 나오고
희망이 샘 솟는다

온갖 더러움도 삶의 애환도
포근히 덮어주고
새 세상을 보여주시는 조물주

세상을 향한
그분의 사랑
눈으로 알려 주시는 걸까

제2부 뻥튀기

내비게이션
꼬맹이 친구들
어머니
풀숲
보릿고개
선생님
아버지
돼지 껍데기
명과
동창생
뻥튀기

내비게이션

수레와
마차로
수 천 년 지내던 인류

자력으로 움직이는
자동차 시대 열더니

요즘은 하늘에 떠 있는
위성으로
길을 안내한다

이젠 내비게이션 없이
살 수 없는 시대지만
기술 발전이
어디까지 이를지
놀랍고 두렵기만 하다.

꼬맹이 친구들

책보 풀고 숙제하려면
들려오는 소리
나와서 놀자

서둘러 달려 나가면
벌써 십여 명
나를 반긴다

편 가르고
규칙을 정하고
시작하는 놀이

야구 원조 자치기
뜀틀 같은 말타기
야생마 같은 공말타기
흙에서 뒹구는 고생받기

얼마나 요란하게 소리치며
뛰고 날았던가

우리는 그렇게
해 가는 줄 모르고
활달하게 자라났지

아아 꼬맹이 친구들아
어디서 무얼 하고 있는지

보고 싶다 친구들아
꼬맹이 친구들아

어머니

전쟁의 참화 속
삶의 터전을 버리고
미지의 세상을 향해 떠난
고난의 여정

자녀들 부둥켜안고
지켜내고 키워내신
어머니

각박한 세상살이에도
어질고 선한 천성
때 묻히지 않고
인정 많은 분으로
사람들 기억 속에 살아계신
어머니

돼지고기는
전혀 못 드신다고
손 내젓던
어머니

자식 위한 기도
꼭 들어 달라고
자신의 기도 제쳐놓던
어머니

너무 아파서
자신을 위해 기도했다며
후회하듯 말씀하신
어머니
아, 어머니

풀숲

어린 시절
풀숲은 놀이터였다
생명으로 가득한
놀이터였다

숨죽이고
풀숲에 들어가면
흙색 송장 메뚜기
놀라서 뛰어오르고
고추잠자리 맴돌면
나비들은 춤을 춘다

숨어 있던 방아깨비
푸드덕 날아가고
호박꽃 속 풍뎅이
꿀에 취해 잠을 잔다

따닥깨비 놀란 듯
소리 내며 날아가고
파란 왕잠자리
위엄있게 행차한다

금빛 풍뎅이라도 보는 날은
우리 모두 환호성 내지르며
덩달아 날아오른다

보릿고개

휴전 이후 십여 년
도시엔 일거리가 없어
노는 가장이 많았다

목수도 미장이도 지게꾼도
일감이 뜸했다

도시 사람들에겐
보릿고개가 때도 없이
찾아왔다

일감을 찾아
여기저기 다녀도
공연한 헛걸음에
허기만 더하기 일쑤

원조 선박이라도 항구에 들어오면
곡식 포댓자루 어깨에 메고 나르는
하역작업이 최선이다

칼국수 수제비는 양반
고구마 감자범벅에 개떡까지
허구한 날 이렇게
배를 채웠다

보릿고개가 더 가팔라지면
독 있다는 명아주 잎 삶아 먹고
쌀된장 퍼가는 밤손님도 있었다

지금은 전설이 되어버린
보릿고개
어찌 견디어 냈는지
꿈만 같다

선생님

우리 반에
다리 하나 없는 친구
겨드랑이에 목발 끼고 걸어 다녔다

업힌 채 피난 가던 중
포탄이 날아와
엄마는 돌아가시고
그 친구는 다리 하나를 잃었단다

짬만 나면 뛰어놀던 나
두 목발을 멀리 짚고
몸을 실어 붕붕 날다가
담임 선생님께 걸렸다

한쪽 뺨을 잡은 채
말없이 응시하신 선생님
무언의 질책이 무슨 의미인지
알 것 같았다

이후 목발은 손에 대지도 않았지만
선생님의 가르침은 아직도 생생하다

늘 지혜롭게 가르치시던 선생님
보고 싶습니다

아버지

평소 온화하신 아버지
형과 싸우기라도 하면
엄하게 다스리셨다
형제는 사이좋게 지내야 한다고…

매일 아침
창문을 열고 총채로 터시면
우리는 쓸고 닦으며
하루를 시작했다

손님 맞듯 기대하는 마음으로
하루를 시작했다

설날이 다가오면
첫 새벽 목욕탕에 데려가셨다
묵은 때 벗겨내고
환하고 단정한 모습으로
살아나게 하셨다

소망의 새해를
기쁨으로 맞으며
그렇게 한 해를 시작했다

어제 같은 오늘
오늘 같은 내일이 반복되어도
쓸고 닦고 몸을 단정하게 했다

착하고
부지런하고
성실히 살라는
아버지 말씀
오늘의 나를 빚으셨다
아버지!

돼지 껍데기

마포 돼지 껍데기 집
늘 손님이 붐볐다

연탄불 석쇠 위
돼지 껍데기
톡톡 터지며 노랗게 익었다

소주에 곁들여
한 점 씹으면
고소하니 씹는 맛
입 속에 맴돈다

연탄불 서서히 달아오르고
친구들 얼굴 빨개져도

껍데기 맛 고소한 대화에
밤 가는 줄 몰랐다

명과

어린 시절
대표적 과자는
건빵과 전병

퇴근길 사 오신
따스한 부채꼴 전병

입에서 바삭
소리 내며 부서지면

달콤 고소한 맛
온 가족 얼굴에 번진다

지금껏 명맥을 이어온
바삭한 전병
내 마음속 명과

동창생

선후배 천여 명 모인
개교 70주년 송년동창회

반가움으로 곳곳에
웃음과 환성이 터진다

학식은 사회의 등불
양심은 민족의 소금

교육 이념 나누며
스승을 기린다

배출된 이만여 명
삶의 발자취
돌아보는 시간

희망의 빛 세상
비추고 있나

소금 맛 잃지 않고
살고 있나

*제물포고등학교 개교 70주년을 맞는 고교동창 송년 모임에서 학창시절을 뒤돌아보며 쓴 시임.

뻥튀기

땜장이 칼갈이
행상 다니던 시절

뻥튀기는
꼬맹이들에게
요술 방망이였다

쇳 통에 옥수수 넣고
불 지펴
한참 돌리면
대포 소리와 함께
터져 나오는 강냉이들

바삭 씹히는
고소한 맛
둘도 없는 먹거리요
서커스 같은 볼거리였다

제3부 인생의 종점

걷기 운동
손주 바보
매미의 일생
지하철
똥오줌
세월의 숨결
시루떡
아내의 빈 자리
그런 길은 없다
인생의 종점
묘비명
시인대학_사행시

걷기 운동

칠순 넘자
걷고 또 걷는다

만 보 팔천 보
매일 점검한다

황톳길 찾는 사람들
추위가 와도 맨발로
걷고 또 걷는다

운동이 될까
외면하던 나도
별수 없이 걷는다

누우면 죽고
걸으면 산다는 속담
이제야 깨우친 듯
어제도 오늘도 걷고 또 걷는다

손주 바보

모임 중에도
손주 온다고 나서는 친구들
입이 째지고
웃음꽃이 활짝 핀다

그렇게 좋을까 했는데
내가 할배 되곤
나 역시
바보가 되었다

올 때마다
달라지는 모습
대견하고
신비롭다

'까꿍' 해도 웃기만 하더니
옹알이하던 입에서
'엄~마'라도 터지고 나면
온 가족 난리가 난다

생명을 주셨으니
살아갈 능력도 주신 것일까

놀랍고
신비하고
경이롭다

손주 보고도
바보 안 되는 사람
그 사람이
정말 바보다

매미의 일생

나무 속 알 깬
새끼 애벌레
땅속으로 들어간다

스스로 택한
고난이런가

흑암 속 긴긴 세월
수액만 삼키며 기다린
환골탈태의 순간

껍질 벗어버리고
날개 편 새로운 모습

하늘을 째듯 울어대더니
푸른 하늘을 날아오른다

그것도 잠시
시체로 변한 매미여

보름 남짓 날아보려고
십여 년 흑암에서 견뎌낸 것인가

혼이라도 있어 멀리
날아간 것인가

지하철

생김새도
입은 옷도 다 다른 사람들
같은 칸에 타고 있다

나이가 많건 적건
여성이든 남성이든
주변에 관심이 없다

그저 핸드폰 보며
무엇에 집중하는지
눈을 마주치지 않는다

어쩌면 인연이 닿을만한 사람
옆에 있는지도 모르는데
남에겐 관심이 없다
무관심이 예의일까

내 옆자리 노인
안양에서 청량리까지
매일 친구 기원에 가신단다

짜장면 한 그릇 얻어먹고
한 수 가르쳐주고 돌아가는 길
백수도 바쁘다며
허탈한 웃음 지으신다

나이 든 분 관심사는 역시
소일거리
건강하십시요
한 수 배웠습니다

똥오줌

전철로 돌아가던 동기들
하나둘 흩어지고
혼자 신도림에서 내렸다

오줌통이 신호를 보낸다
4시간 넘었다고

화장실에 가보니
뒷간 앞에 세 명이 서 있다
빈칸도 있는데 왜지?

어른이 한마디 한다
애가 핸드폰 놓고 나와 기다리고 있다고
안에선 아무 대꾸가 없다

뒤통수에 온 신경을 모으고
시원하게 오줌을 갈겨댔다
휴우- 그 쾌감이라니

돌아 나오는데
아직도 그대로다

뒷간에 있는 사람 기분을 잡친 것일까
남 똥 누는데
웬 방해냐고
바지에 똥 싼 기분 아닐까

세월의 숨결

세면대에 당당히 서 있는 치약
탱탱한 배 꺼지지 않을 듯하더니
어느 날
뱃가죽 등에 붙은 채
꼬부라져 누워있다

두 손으로 보듬던 비누
비비고 쓰다듬어도 그대로더니
어느새
얇은 조각되어
새 비누에 업혀 있다

나무토막처럼 꽉 끼어있던
화장지 한 바퀴로 족하더니
이젠
손목처럼 가늘어져
소리 내며 돌고 돈다

째깍대는 초침 소리
이리도 힘이 셌나

세월의 숨결 어둔 귀에도
점점 크게 들려온다

시루떡

군대 훈련 중에도
이른 봄이 오면
잔디를 뜬다

사각으로 자르고 삽으로 뜨면
잔뿌리와 엉킨
부드럽고 촉촉한 흙
어릴 때 그리도 좋아하던
시루떡 감촉이다

쌀가루에 팥고물 뿌려
몇 켜를 쌓고
뜨거운 김으로 서서히 찌면
시루떡이 익으며
부풀어 오르는 익어가는 소리

잠자는 아기 깨울까
명주 포대기 살짝 당겨
살포시 덮어주고 여미는 소리다

아내의 빈 자리

아들 부부 여행 떠난 사이
손주들 돌본다며
신바람 내며 달려갔다

아내가 집을 비웠다
40여 년 만에 처음이다

식사 설거지
걱정하지 말라며
큰소리치며 보냈는데
며칠이 지나자 침울해한다
말문 닫은 지 제법 된 탓

한두 번 통화는 하지만
긴 침묵의 무게를 거둬내진 못한다
노랫가락 흥얼거려 보아도
달라지지 않는다

말 상대 없다는 게
이렇게 무겁게 짓누를 줄이야

아내의 존재감을
새롭게 느끼며
고마움이 샘솟는다

그런 길은 없다

아무리 어두운 길이라도
너 이전에
누군가는
이 길을 지나갔을 것이고
아무리 쉬운 길이라도
너 이전에
누군가는
이 길에서 넘어졌을 것이다

아무도 넘어지지 않은
그런 길은 없다
혹여 네가 넘어지더라도
실망하지 마라

너의 실패는
너와 비슷한 여행을 하는
네 사랑하는 모든 사람에게
도움이 될 것이다

*베드로 시안의 시 '그런 길은 없다'를 패러디한 시임.

인생의 종점

인생의 종점에 선다면
어떤 기분 어떤 마음일까
후회는 없을까

지금은
쉽게 답할 수 없겠다

인생의 후반전을
한창 보내고 있는 지금이라도
생각해 봐야지
꼭 생각해 봐야겠다

후회하는 일 없어야지
걸, 걸, 걸 하지 말아야지

빈손으로 이사 가듯
종점에 서면 어떨까

버릴 것은 버리고
남 줄 것은 주고
모든 짐을 다 버리고
마음의 짐도 다 내려놓고
빈손으로 종점에 서면 어떨까

묘비명

격변기에 태어나

은혜로 창조주 하나님을 알게 하시고

수많은 분들과 즐겁고 복된 삶을 살다가

이제 그분 곁으로 돌아가노라

사행시_시인대학

시/ 시절 좋아
　　산천도 옷을 갈아입고

인/ 인심 넉넉한
　　추수도 끝나가는데

대/ 대봉감
　　발갛게 익어 가면

학/ 학여울 찾아올
　　두루미 가족 기다려진다

제4부 배추의 꿈

낙엽
멸치
가족사진
말
도토리
가을 들녘
문장부호
배추의 꿈
떡켜
이웃사촌
일심동체
밥이라는 거

낙엽

쌀쌀한 늦겨울
겨울눈을 살짝 열고
고개 내민
여린 생명들

어느새
짙푸른 청년 모습
따가운 햇살 삼키며
노동요를 부르며
춤추던 잎새들이여

이제는
붉은 진액 토해 내며
본향을 향해
마지막 춤을 추며
날아가는 잎새들이여

멸치

우리 밥상엔 언제나
단골손님이 온다

연한 살이 터질세라
갑옷을 입고 온 멸치

풋고추와 하나 되어
내 손길을 당기면
멸치는 나의 뼈대가 되고…
나는 멸치의 꿈을 꾼다

저 멀리 남쪽 바다
물결에 온몸을 맡기고
자유롭게 떠다니던 시절

갑자기 나타난 포식자로
풍비박산되던 악몽
죽으나, 사나
떼 지어 다니는 이유가 있었구나

먹이사슬의 밑바닥에서
살길은 오직 떼를 짓는 것
뭉치면 산다고 누가 말했던가

눈빛으로 소통하며
요리조리 방향을 틀고
물살을 가르며 군무를 춘다

가족사진

사진 속에
시간이 멈추어 있다

앨범 속의 아들딸
어린아이 모습으로
웃으며 다가온다

등산복 입고 다정히
웃고 있는 아내와 나
한창때의 모습으로 멈추어 있다

사진을 빠져나온 나
시간 열차를 타고
과거로 날아간다

오색 약수터 대청봉 수동계곡 백담사까지
길고 힘든 등반이었지만
별처럼 빛나는 아름다운 추억

앨범에 없는
부모 형제 모습들은
내 가슴 깊이 숨어 있다

그때 모습들
한 장 한 장 들춰 보면
왠지 힘이 솟아나고
내 얼굴엔 웃음꽃이 피어난다

말

말 한마디로
천 냥 빚 갚기도 하고
말이 많으면
배가 산으로 가기도 한다

말엔 힘이 있다

상처를 주기도 하고
격려가 되기도 한다

된서리가 되기도 하고
따스한 봄바람이 되기도 한다

절망을 주기도 하고
소망을 피우기도 한다

말엔 힘이 있어
살리기도 하고
죽이기도 한다

도토리

빵 모자 쓰고 제각각
다른 곳을 바라보는
수많은 얼굴

누가 더 잘 생겼는지
도토리 키 재기다

하나같이 반들반들
진한 구릿빛에
건강미가 넘친다

주변 잎새들 하나둘 곁을 떠나면
사방으로 곤두박질
통통 튀어 퍼져 나간다

겨울잠 잔 후 봄비로 축축해지면
온몸을 불려 껍데기를 깨는구나

모자 벗은 머리로
잔뿌리 내리고
뾰족한 턱으로 새싹을 밀어낸다

누가 가르쳐 주었는지
태고부터 이렇게
대를 이어 왔구나

가을 들녘

바람 부는 가을
들녘에 나가면
파란 하늘 아래
누런 벼 출렁인다

가는 허리 돌보지 않고
이삭들만 살찌우더니
잔바람에도 힘겨워
숙이고 또 숙인다

알알이 키워온 생명
차돌처럼 영글도록
따가운 햇살
타는 목마름에도
온몸을 태우며 출렁인다

황금물결 맘껏 춤을 춘다

문장부호

글은 살아 움직이고 있어
쉬기도 하고
멈추기도 한다

익어가는 가을 정취에
감탄도 하고
말을 잃기도 한다

날벼락 슬픈 소식엔
왜냐고 소리치고

좋은 글을 만나면
빌려와 퍼뜨리기도 한다

스스로
설 수 없지만
이처럼 글을
글답게 세우는 문장부호는
글의 영원한 동반자

배추의 꿈

맛있는 김치 되는 것이
나의 꿈 나의 소망

속살 단단히 채우고
잎새마다 얇고 넓게 자라
바삭 씹는 맛을 내야겠지요

소금 세례 받고
진액 쏟아냄은
내가 죽어야
김치가 살기 때문이겠지요

젓갈 고춧가루에
비벼진 무채
내 속에 들어오면 배추김치!
나는 드디어 꿈이 이루어집니다

통속에서 익어가다
때가 되면 나아가
쨍한 김치맛 내는 것
나의 꿈 나의 소망입니다

떨켜

울긋불긋한 잎새들
피맺힌 눈물인 줄
몰랐습니다

봄철에 키운 자식들
떠나보내는 아픔인 줄
몰랐습니다

잎새들 바람 타고 날아가면
그 자리 상처로 남는 줄
몰았습니다.

잊을 수 없는
이별의 흔적인 줄
몰랐습니다

이웃사촌

아파트 옆집
2년 전 이사 온 젊은 부부

아기들 귀엽고
만나면 반갑지만

만나기도
마주치기도 쉽지 않다

나에겐 같이 일하는
동료들이 이웃

매일 만나 식사도 하고
삶의 얘기도 나눈다

첫 직장으로 입사해
20년 넘는 직원도 여럿

삶의 애환도 나누며
사훈을 따라 살아간다

더불어
즐겁고
보람있게

일심동체

아내는
피아노 전공
음악을 좋아한다

음정도 박자도
적확해야 한다

음악뿐 아니라
다른 일에도 유사한 경향

운동 좋아하고
여유 있는 나

매사에 아내와
부딪히기 십상

화성 남자와
금성 여자라 했던가

티격태격하다 보면
모난 부분 갈려 나가고
둥글게 둥글게 다듬어지는

우리 부부는
일심동체

밥이라는 거

가난하던 어린 시절
온 가족 먹여 살리려
이 궁리 저 궁리 하시며
어머니가 챙겨주시던 밥이라는 거
생명의 원천이었다

언제부턴가 밥은
끼니를 의미하는 말이 되었다
수제비나 칼국수를 끓여도
밥 먹으라고 자식 찾아 다녔다

아버지 생신날 아침이면
동네 어른들 모시러 다니고
모처럼 흰밥에 김 얹어 먹던 기억
얼마나 부드럽게 잘 넘어가는지…

지방에 근무할 때도
어머니가 자주 묻는 말씀은
"밥은 먹고 다니냐?"

자식은 점점 멀어져 가는데
어머니는 언제까지나
자식을 품고 있다

맺음말

나의 첫 시집이
세상에 나온다니
감회가 새롭습니다.

시 한 편이 나오려면 상당한 진통이 있어야 된다는 것을 체험하였습니다. 스스로 많이 부족하다는 것도 깨닫게 되었습니다.

그럼에도 불구하고 이 자리까지 나올 수 있었던 것은 많은 분들의 응원이 있었기에 가능했다고 생각합니다.

격려와 칭찬을 아끼지 않으시고
용기를 주신 박종규 교수님과
속 마음을 털어놓고 함께
나누어 온 시인대학 11기 동기들께
감사의 마음을 전합니다.

무엇인가
도전한다는 것이 쉽지만은 않지만
가보지 않은 길을 가보고 싶다는 마음으로
시작했고 해 볼 만한 충분한 가치가 있었음을 고백합니다

이제 새로운 시작을 합니다.
시다운 시를 쓰기 위해
시인다운 시인이 되기 위해
새롭게 출발합니다.

지금까지 모든 여건을 허락하신 하나님께
감사드리며 앞으로의 여정도 인도하여 주시기를
간절히 소망합니다.
감사합니다.

2025 한겨울 어느 날
시인 정 광 덕

어머니의 훈련

초 판 인 쇄	2025년 02월 06일
초 판 발 행	2025년 02월 13일
지 은 이	정광덕
발 행 처	다담출판기획 TEL : 02)701-0680
	서울시 영등포구 영신로30길 14, 2층
편 집 인	박종규
등 록 일	2021년 9월 17일
등 록 번 호	제2021-000156호
I S B N	979-11-93838-32-7 03800
가 격	12,000원

본 책은 지은이의 지적재산이므로 무단전재와 복제를 금합니다.